Denk- und Arbeitsweisen in der Physik

1. Nenne Vorgänge und Erscheinungen aus Natur, Technik und Alltag, die du der Naturwissenschaft Physik zuordnest!

Vorgänge oder Erscheinungen	physikalische Merkmale

2. Auf den Fotos sind Erscheinungen dargestellt, die in unterschiedlichen Naturwissenschaften untersucht werden. Gib jeweils an, welche Naturwissenschaft sich genauer mit der betreffenden Erscheinung beschäftigt! Begründe deine Auffassung!

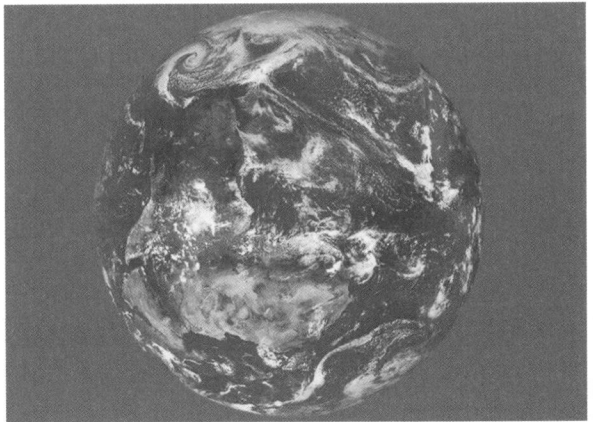

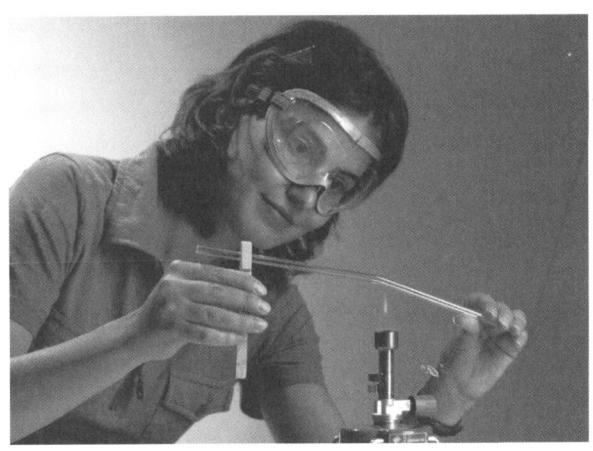

3. Ziehe über ein leeres Gefäß einen Luftballon, so wie das in der Skizze dargestellt ist!

   a) Stelle diese Flasche auf einen warmen Heizkörper oder in ein Gefäß mit warmem Wasser!
   Beobachte! Beschreibe deine Beobachtungen!

   _____

   _____

   b) Stelle dann die Flasche mit dem Luftballon in den Kühlschrank!
   Was hat sich nach 5 Minuten verändert?

   _____

   _____

   c) Wie könnte man die beobachtete Erscheinung erklären?

   _____

   _____

4. Von einer bestimmten Stelle wurden im Abstand von 10 Sekunden drei Fotos gemacht. Vergleiche diese Fotos miteinander! Was ist gleich geblieben? Was hat sich verändert?

   _____

   _____

   _____

   _____

5. Taschenlampen können sehr unterschiedlich aufgebaut sein. Das Foto zeigt eine Form. Beschreibe den Aufbau einer beliebigen Taschenlampe so, dass deine Mitschüler eine klare Vorstellung von der betreffenden Lampe bekommen!

   _____

   _____

   _____

   _____

Denk- und Arbeitsweisen in der Physik

6. Aus dem Alltag kennst du schon eine ganze Reihe von Messgeräten.
   Ergänze die nachfolgende Übersicht!

physikalische Größe	Name des Messgerätes	Messbereich	Messgenauigkeit
Länge			
Zeit			
	Messbecher		
Masse			
	Thermometer		

7. Trage in die folgende Tabelle physikalische Größen aus dem Alltag ein!

physikalische Größe	Werte der physikalischen Größe	
Länge	deine Körperlänge: _____ m	Tischhöhe: _____ cm
	Länge deines Unterarmes: _____ cm	Schuhlänge: _____ cm
	Schrittlänge: _____ cm	Lineallänge: _____ cm
Zeit	Dauer eines Tages: _____ Stunden	Zeit für Schulweg: _____ min
	Dauer eines Jahres: _____ Tage	Zeit für 50 m: _____ s
	Dauer einer Woche: _____ Stunden	Zeit für Frühstück: _____ min
Volumen	Flasche Cola: _____ l	Autotank: _____ l
	Packung Milch: _____ l	Flasche Nasentropfen: _____ ml
	Benzinkanister: _____ l	Getränkedose: _____ l
Masse	deine Masse: _____ kg	Tafel Schokolade: _____ g
	Tüte Zucker: _____ g	Stück Butter: _____ g
	Beutel Kartoffeln: _____ kg	gepackte Schultasche: _____ kg
Temperatur	deine Körpertemperatur: _____ °C	Temperatur des Badewassers: _____ °C
	Außentemperatur: _____ °C	Temperatur im Kühlschrank: _____ °C
	Zimmertemperatur: _____ °C	Temperatur von heißem Tee: _____ °C

8. Bestimme mit einem Lineal möglichst genau die Höhe, die Breite und die Dicke deines Physikbuches! Welche Messfehler können dabei auftreten?

   h = _____ cm b = _____ cm d = _____ cm

Denk- und Arbeitsweisen in der Physik

9. Modelle sind Vereinfachungen der Wirklichkeit. Jeder hatte schon mit den unterschiedlichsten Modellen zu tun. Ergänze die nachfolgende Übersicht!

Modelle	reales Objekt
	Lokomotive

10. Durch die unterschiedliche Stellung von Sonne, Erde und Mond zueinander kommen nicht nur die verschiedenen Jahreszeiten zustande. Auch die sich ändernde Gestalt des Mondes bzw. das Entstehen von Sonnen- und Mondfinsternissen hängen damit zusammen.

    a) Welche Gemeinsamkeiten und welche Unterschiede bestehen zwischen dem abgebildeten Modell und den realen Objekten?

    _____

    _____

    _____

    _____

    b) Mache einen Vorschlag, wie man sich mit einfachen Mitteln selbst ein Modell von Sonne, Erde und Mond bauen kann!

    _____

    _____

    _____

11. Welche der folgenden Aussagen ist richtig, welche falsch? Kreuze an!

Aussagen	richtig	falsch
(1) Ein Modell kann kleiner, genauso groß oder größer als das reale Objekt sein.		
(2) Ein Modell ist komplizierter als das reale Objekt.		
(3) Ein Globus ist ein Modell für die Erdkugel.		
(4) Im Altertum stellte man sich die Erde als eine riesige Scheibe vor. Auch das war ein Modell.		
(5) Für einen bestimmten Pkw gibt es nur ein einziges Modell.		
(6) Ein Flugzeugmodell muss auch fliegen können.		

Denk- und Arbeitsweisen in der Physik

12. Bei vielen technischen Geräten, die wir im täglichen Leben verwenden, kennen wir nicht den inneren Aufbau. Wir können sie trotzdem problemlos bedienen. Das ist z. B. bei einem Handy der Fall: Wenn wir eine Rufnummer wählen und die Ruftaste betätigen, dann wird eine Verbindung zu einem Gesprächspartner aufgebaut.
Solche Geräte, die wir nutzen, aber deren inneren Aufbau wir nicht kennen, bezeichnet man als Blackbox (schwarzer Kasten). Nenne Beispiele für Geräte, die du als Blackbox nutzt!
Ergänze die Tabelle nach dem Muster des Handys!

Gerät	Eingaben/Handlungen mit dem Gerät	Wirkungen (Ausgaben, Ergebnisse)
Handy	Eingeben einer Rufnummer und Betätigen der Ruftaste	Aufbau einer telefonischen Verbindung

13. Bei einem Fotoapparat wird der Auslöser betätigt.

    a) Was wird dadurch bewirkt?

    _____

    _____

    b) Was passiert beim Betätigen des Auslösers im Inneren des Fotoapparates?

    _____

    _____

    c*) Erkunde den inneren Aufbau eines Fotoapparates! Nenne die wichtigsten Teile!

    _____

    _____

14. Eine quaderförmige Blackbox hat auf der einen Seite einen Eingang E, auf der anderen Seite zwei Ausgänge A_1 und A_2 (siehe Skizze).
Wenn man in den Eingang E eine Kugel bringt und die Blackbox etwas ankippt, dann kommt die Kugel manchmal bei A_1 und manchmal bei A_2 heraus.
Skizziere rechts, wie die Blackbox im Inneren aufgebaut sein könnte!

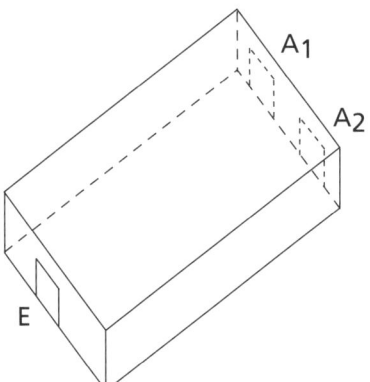

Lichtquellen und Lichtausbreitung

15. Auf den Fotos kannst du verschiedene Körper sehen. Welche der abgebildeten Körper sind Lichtquellen, welche beleuchtete Körper?

Lichtquellen:

_____

_____

beleuchtete Körper:

_____

_____

Lichtquellen:

_____

_____

beleuchtete Körper:

_____

_____

16. Stelle in der Tabelle Beispiele für Lichtquellen und beleuchtete Körper zusammen!

Lichtquellen	beleuchtete Körper

17. Ordne die folgenden Begriffe in die Tabelle ein: Ball, Blitz, eingeschalteter Autoscheinwerfer, Reflektor am Fahrrad, Bildschirm eines Computers, Mond, Stern, brennende Kerze, Spiegel, Buch!

Lichtquellen	beleuchtete Körper

Lichtquellen und Lichtausbreitung

18. Verdeutliche mithilfe von Lichtstrahlen, wie sich Licht von den dargestellten Lichtquellen aus ausbreitet!

   punktförmige Glühlampe *Sonne* *Kerzenflamme*

   ×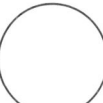

19. Über Glühlampen befinden sich lichtundurchlässige Schirme unterschiedlicher Form. Zeichne ein, wie sich das Licht ausbreitet! Das Licht geht von der Glühwendel der Glühlampe aus.

   a)    b)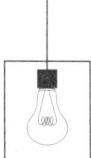

20. Skizziere, wie sich das Licht von der Lichtquelle L ausbreitet! Zeichne den Strahlenverlauf ein und markiere die Lichtbündel farbig!

   a) 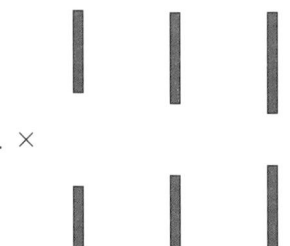   b)

21. Zeichne in die Skizzen die Schattengebiete ein! Markiere sie!

   a)

   b)

22. a) Ein Körper wird nacheinander zuerst von einer, dann von zwei punktförmigen Lichtquellen beleuchtet. Zeichne die Schattengebiete ein! Markiere sie!

b) Überprüfe deine Voraussagen mit einem Experiment! Nimm als Körper eine undurchsichtige Vase, als Lichtquellen kleine Kerzen. Gehe vorsichtig mit den Kerzen um! **Vorsicht!** Es besteht Brandgefahr! Formuliere das Ergebnis deiner Untersuchungen in Worten!
_____
_____

23. Markiere in der Skizze den Kernschatten und den Halbschatten der Erde! Wo muss sich der Mond bei einer totalen Mondfinsternis befinden?

_____
_____

24. Markiere in der Skizze den Kernschatten und den Halbschatten des Mondes! Wo muss sich der Mond bei einer totalen Sonnenfinsternis befinden?

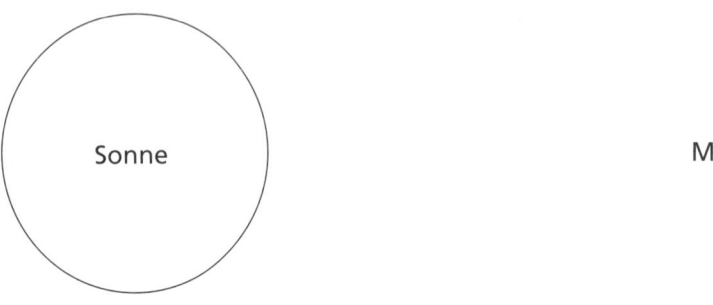

_____
_____

Reflexion von Licht

25. Bezeichne die mit A, B, C, ... gekennzeichneten Teile der Skizze!

   A – _____

   B – _____

   C – _____

   D – _____

   E – _____

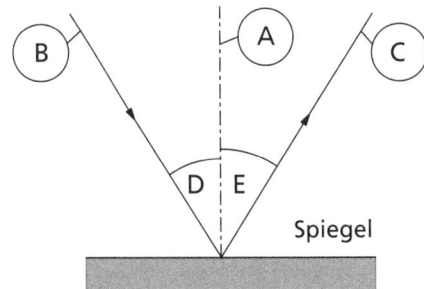

26. Untersuche die Reflexion von Licht an einem Spiegel! Lege dazu ein Blatt Papier auf den Tisch. Zeichne die Spiegelebene und das Einfallslot senkrecht zur Spiegelebene. Stelle einen kleinen Spiegel auf die gezeichnete Spiegelebene! Nutze als Lichtquelle eine Experimentierleuchte mit Spalt oder eine Taschenlampe, bei der das parallele Licht nicht nur einen Spalt austreten kann (den anderen Teil mit schwarzem Papier bekleben)!

   Durchführung:

   Miss für verschiedene Einfallswinkel die Reflexionswinkel! Markiere dazu den jeweiligen Lichtweg mit ein paar Punkten oder mit Stecknadeln!
   Trage die Messwerte in die Tabelle ein!

   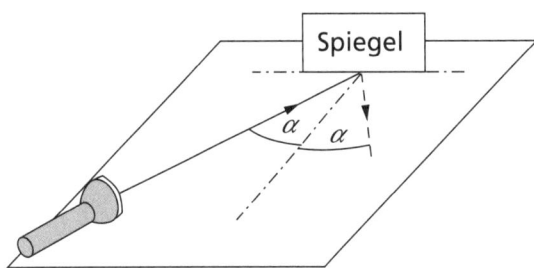

   Auswertung:

   Vergleiche Einfallswinkel α und Reflexionswinkel α'!
   Formuliere das Ergebnis in Worten!

   _____

   _____

   _____

   _____

   _____

Einfallswinkel α	Reflexionswinkel α'

27. Paralleles Licht fällt auf verschiedene Oberflächen.
    Zeichne in die Skizzen die reflektierten Lichtstrahlen ein!

   a)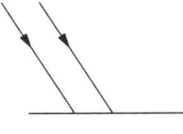

   ebener Spiegel

   b)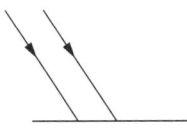

   weißes Papier

   c)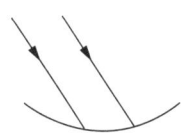

   Hohlspiegel

   d)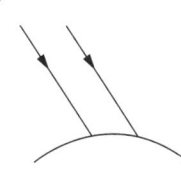

   Wölbspiegel

28. In den folgenden Zeichnungen ist das auf einen ebenen Spiegel einfallende Licht durch einen Lichtstrahl dargestellt. Ermittle durch Konstruktion den reflektierten Strahl!

a) 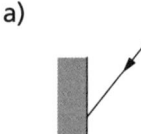   b)    c)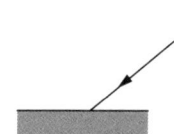

d) 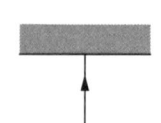   e) 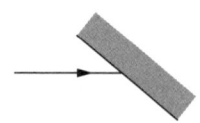   f)

29. In den Kästen (Blackbox) befinden sich ebene Spiegel. Ergänze die Strahlenverläufe und zeichne die Lage der Spiegel ein!

a) 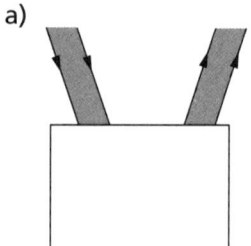   b) 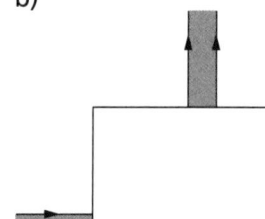   c) 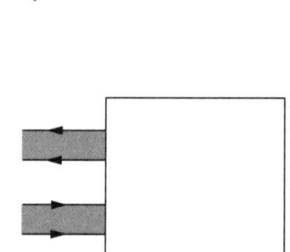   d)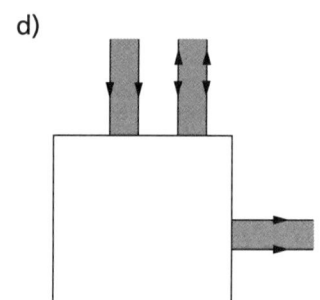

30. Mithilfe von Spiegeln kannst du „um die Ecke" gucken. Wie müssen ebene Spiegel angeordnet werden, damit ein Beobachter B den Gegenstand G sehen kann? Zeichne Spiegel und Strahlenverlauf ein!

a)     b) 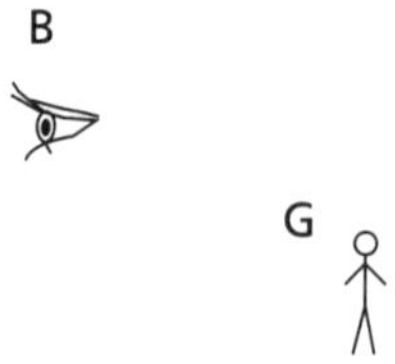   c)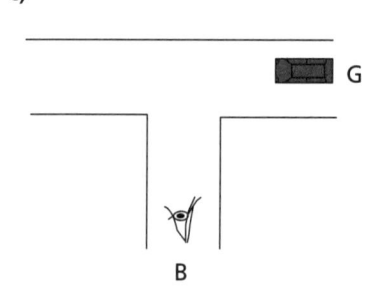

31. Konstruiere von folgenden Gegenständen das Bild am ebenen Spiegel!

a) 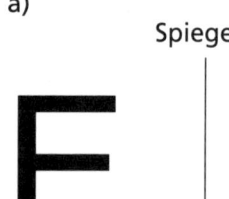   b)    c)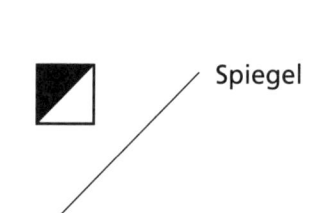

Reflexion von Licht

32. Die Skizze zeigt den Aufbau eines Periskops.
    Mit ihm wird z. B. eine Kerzenflamme beobachtet.

    a) Zeichne den Verlauf des Lichtes von den beiden äußeren Punkten der Kerzenflamme bis zum Auge!

    b) Sieht man die Kerzenflamme aufrecht oder umgekehrt? Begründe!

    _____
    _____
    _____

    c) Baue dir selbst ein Periskop! Führe mit diesem Periskop Beobachtungen durch!

33. Damit man als Radfahrer nachts auch von der Seite aus erkennbar ist, müssen an den Rädern Reflektoren angebracht sein.

    a) Bestrahle im Dunkeln einen solchen Reflektor aus verschiedenen Richtungen mit Licht!
    Nutze dazu eine Taschenlampe! Was kann man beobachten?

    _____
    _____
    _____

    b) Untersucht man einen solchen Reflektor genauer, dann stellt man fest: Der Reflektor besteht aus lauter kleinen rechteckigen Spitzen, so wie das rechts gezeichnet ist. Zeichne in die Skizze für alle drei Strahlen den weiteren Strahlenverlauf ein! Wie verlaufen einfallende und reflektierte Strahlen zueinander?

    _____
    _____
    _____

34. Du betrachtest dich in einem Spiegel.

    a) Beschreibe das Bild, das du in einem ebenen Spiegel von dir siehst!

    _____
    _____

    b) Du stehst 1,5 m vor einem Spiegel und willst dein Spiegelbild fotografieren. Welche Entfernung müsste am Fotoapparat eingestellt werden, damit ein scharfes Bild entsteht?

    _____
    _____

    c) Betrachte dich in einem Kosmetikspiegel! Was ist hier anders?

    _____

Brechung von Licht

35. Bezeichne die mit A, B, C, ... gekennzeichneten Teile der Skizze!

   A – _____

   B – _____

   C – _____

   D – _____

   E – _____

   F – _____

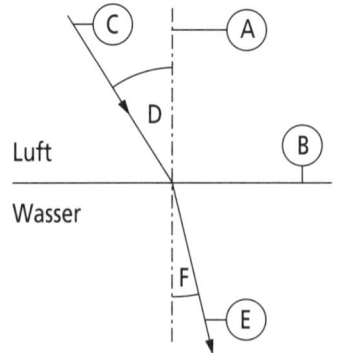

36. Untersuche für den Übergang des Lichtes von Luft in Glas und von Glas in Luft, wie sich der Brechungswinkel ändert, wenn der Einfallswinkel verändert wird!
    Stelle jeweils 5 verschiedene Einfallswinkel ein und miss die zugehörigen Brechungswinkel!

   Übergang Luft – Glas *Übergang Glas – Luft*

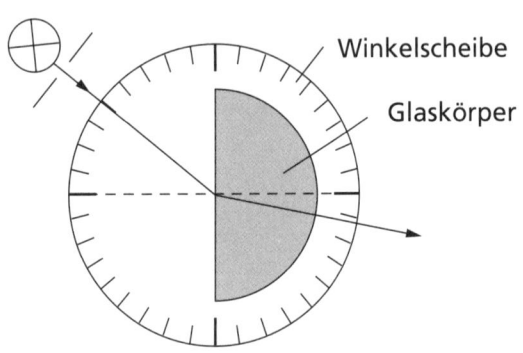 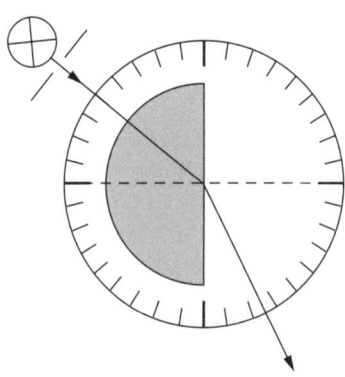

Einfallswinkel α	Brechungswinkel β

Einfallswinkel α	Brechungswinkel β

Ergebnis: *Ergebnis:*

_____   _____

_____   _____

_____   _____

_____   _____

Brechung von Licht

37. Untersuche experimentell den Verlauf von parallelem Licht beim Durchgang durch verschiedene Glaskörper!

Durchführung:

a) Lege den jeweiligen Glaskörper so auf das Papier, wie es gestrichelt gezeichnet ist! Umrande den Glaskörper mit einem Bleistift!

b) Stelle an der Experimentierleuchte paralleles Licht ein! Verwende dann die Spaltblenden (Einspaltblende, Dreispaltblende)!

c) Markiere durch einige Punkte den Verlauf des Lichtes!

Auswertung:

Skizziere jeweils den Strahlenverlauf! Formuliere deine Erkenntnisse zum Strahlenverlauf in Worten!

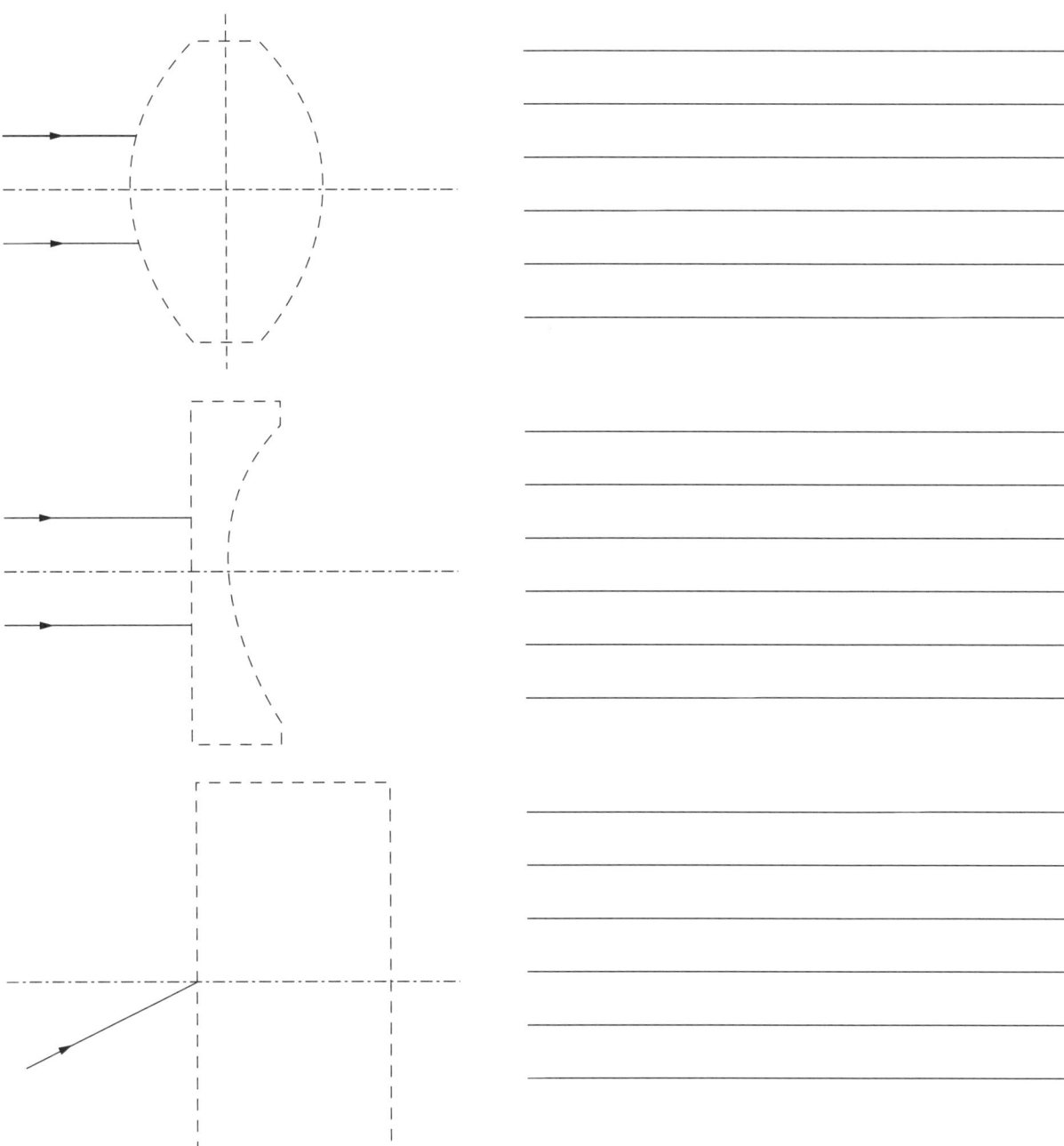

38. In den Skizzen ist die Ausbreitung des Lichtes dargestellt. Vervollständige den Strahlenverlauf!

a)
b)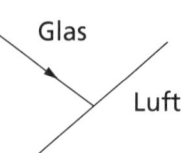
c)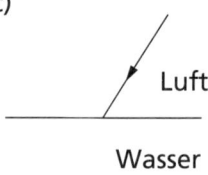
d)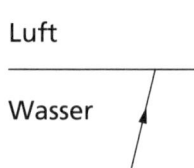

39. In den Skizzen sind einige Strahlenverläufe nach der Brechung falsch eingezeichnet. Korrigiere sie! Begründe deine Meinung!

a)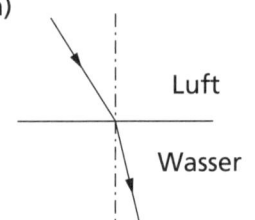
b)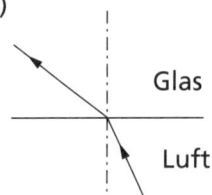
c)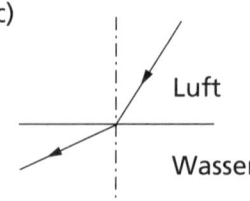
d)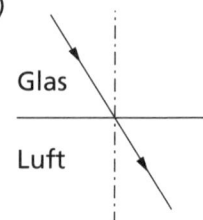

_____ _____ _____ _____

_____ _____ _____ _____

_____ _____ _____ _____

_____ _____ _____ _____

_____ _____ _____ _____

40. Auf den Fotos sind Beispiele für die Lichtausbreitung abgebildet. Fertige zu jedem Foto eine vereinfachte Skizze des Strahlenverlaufs an! Gib an, ob es sich um Reflexion oder Brechung handelt!

a)
b)
c)

Skizze: 　　　　　　　　　Skizze 　　　　　　　　　Skizze:

Bilder durch Öffnungen und Linsen

41. Wenn man zwischen einen Gegenstand und einen Schirm eine Lochblende bringt, so kann man auf dem Schirm ein Bild des Gegenstandes beobachten.

    a) Skizziere das Bild des Gegenstandes!

    b) Beschreibe das Bild!

    _____

    _____

    _____

    c) Was ist auf dem Schirm zu beobachten, wenn man die Lochblende wegnimmt?

    _____

    _____

42. Mithilfe einer Lochkamera können verschieden große Bilder von Gegenständen erzeugt werden.

    a) Ein Gegenstand befindet sich in unterschiedlicher Entfernung von der Lochkamera. Zeichne jeweils das Bild! Ergänze den Satz!

    Das Bild des Gegenstandes ist umso größer, je _____

    _____

    b) Ein Gegenstand befindet sich in bestimmter Entfernung von der Lochkamera. Die Entfernung Loch-Schirm wird verändert. Zeichne jeweils das Bild! Ergänze den Satz!

    Das Bild des Gegenstandes ist umso größer, je _____

    _____

    c) Das Loch der Lochkamera wird vergrößert. Wie verändert sich dann das Bild des Gegenstandes?

    _____

    _____

43. Untersuche experimentell den Strahlenverlauf an einer Sammellinse! Lege die Linse auf die Markierung! Lass das Licht so auf die Linse fallen, wie es eingezeichnet ist! Markiere den Weg des Lichtes hinter der Linse! Zeichne die Lichtstrahlen ein! Bestimme den Brennpunkt!

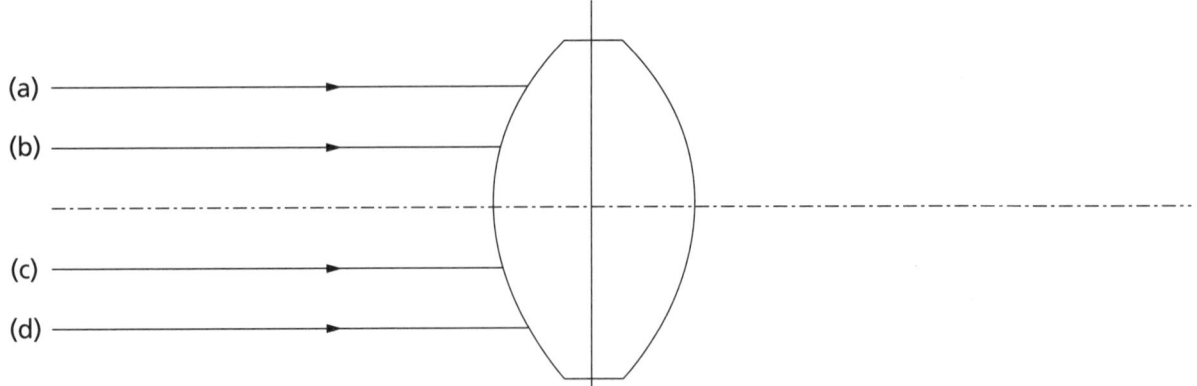

44. Benenne die einzelnen Teile!

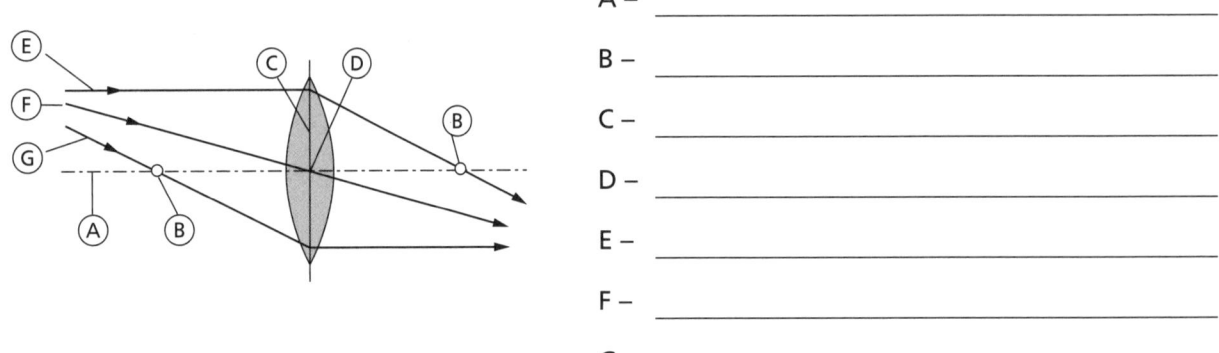

A – _____

B – _____

C – _____

D – _____

E – _____

F – _____

G – _____

45. Untersuche experimentell den Verlauf von Parallelstrahl, Mittelpunktstrahl und Brennpunktstrahl! Lege die Linse auf die Markierung! Lass das Licht so auf die Linse fallen, wie es eingezeichnet ist! Markiere den Weg des Lichtes hinter der Linse!

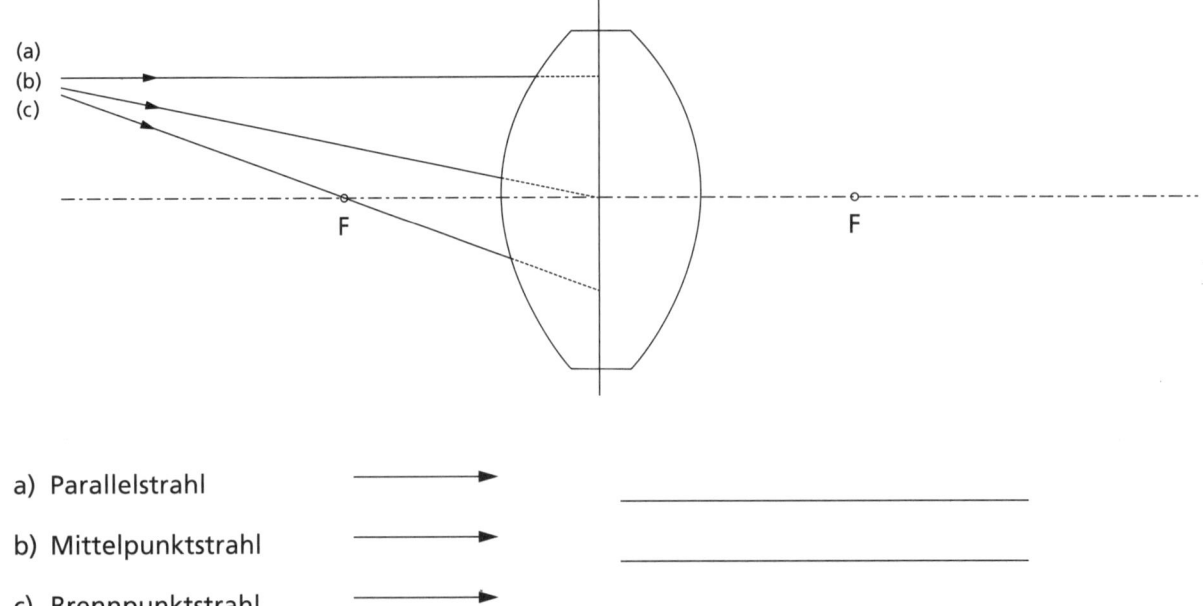

a) Parallelstrahl ⟶ _____

b) Mittelpunktstrahl ⟶ _____

c) Brennpunktstrahl ⟶ _____

Bilder durch Öffnungen und Linsen

46. Konstruiere das Bild B des Gegenstandes G! Beschreibe Art, Lage und Größe des Bildes!

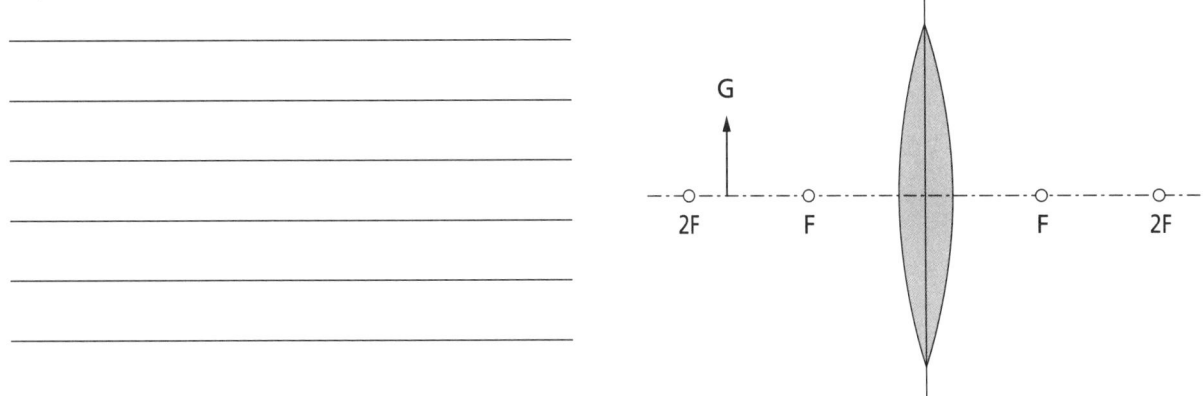

47. Konstruiere zwei Bilder eines Gegenstandes, der sich in unterschiedlicher Entfernung von der Sammellinse befindet! Trage die Orte des Gegenstandes und des entstehenden Bildes in die Tabelle ein! Nenne die Bildeigenschaften!

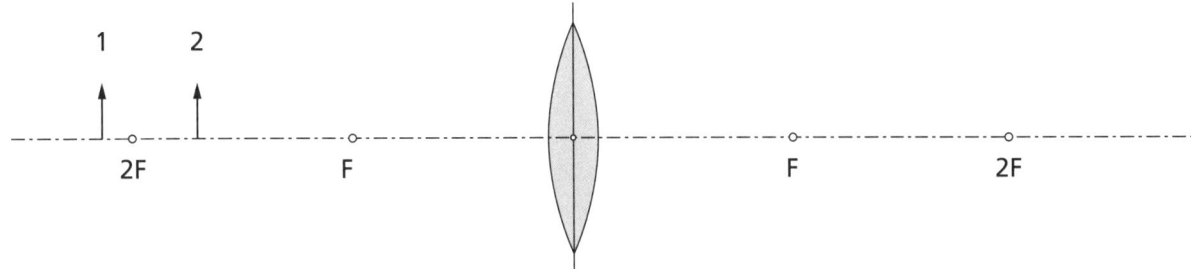

Ort des Gegen-standes	Ort des Bildes	Bildeigenschaften		
		Lage	Größe	Art

48. Ordne dir bekannte optische Geräte in die folgende Unterteilung ein!

```
           Optische Geräte
          /      |        \
   Sehhilfen  Geräte zur   Geräte zur
              Nahbeobachtung  Fernbeobachtung
```

Bilder durch Öffnungen und Linsen

49. Nenne wichtige Teile des Auges! Welche Funktion haben diese Teile?

   1 – _____
   _____

   2 – _____
   _____
   _____

   3 – _____
   _____

   4 – _____
   _____
   _____

   5 – _____
   _____

50. Skizziere das Bild! Was für ein Bild entsteht auf der Netzhaut?

   _____
   _____
   _____
   _____
   _____

51. Wichtige Teile eines Fotoapparates sind das Objektiv, die Blende und der Film. Beim Auge gibt es Teile mit ähnlichen Funktionen.

   a) Welche Teile des Auges haben eine ähnliche Funktion wie Teile des Fotoapparates?

   Objektiv des Fotoapparates ⟶ _____

   Blende beim Fotoapparat ⟶ _____

   Film im Fotoapparat ⟶ _____

   Gehäuse beim Fotoapparat ⟶ _____

   b) Zeichne das Bild eines Gegenstandes beim Fotoapparat und beim Auge!

   c) Ermittle jeweils die Lage des Brennpunktes!

Bilder durch Öffnungen und Linsen

52. Zur genaueren Untersuchung von kleinen Objekten kann man eine Lupe nutzen. Beobachte verschiedene Objekte (Blatt einer Blume, Haut deiner Hand,…) mit einer Lupe!
Was für ein Bild kannst du beobachten?

_____

_____

53. Stärkere Vergrößerungen erzielt man mit einem Mikroskop.

    a) Benenne die gekennzeichneten Teile des abgebildeten Mikroskops!

    b) Gehe beim Mikroskopieren in folgenden Schritten vor:

    (1) Lege den Objektträger auf den Objekttisch und klemme ihn fest!

    (2) Wähle die kleinste Vergrößerung! Bewege das Objekt mithilfe des Rollrades so nahe wie möglich an das Objektiv heran!
    Vorsicht! Beobachte von der Seite und achte darauf, dass das Präparat vom Objektiv nicht berührt wird!

    (3) Schaue durch das Okular und stelle das Bild scharf, indem du den Objekttisch mit dem Stellrad vom Objekt wegbewegst!

    (4) Reguliere die Helligkeit mit Blende oder Spiegel!

    (5) Nutze ein anderes Objektiv! Wiederhole die Schritte zur Scharfeinstellung des Bildes!

    (6) Führe mit dem Mikroskop verschiedene Untersuchungen durch!

        (a) Lege auf Folie kopiertes Millimeterpapier unter das Mikroskop und miss die ungefähre Breite des sichtbaren Bereichs bei verschiedenen Vergrößerungen aus!

            Vergrößerung 1:   Der sichtbare Bereich beträgt _____ mm.

            Vergrößerung 2:   Der sichtbare Bereich beträgt _____ mm.

        (b) Bestimme mithilfe des Millimeterpapiers die Breite eines Haares, einer Stecknadel und eines Wollfadens. Miss auch die Strichdicke eines Folienstiftes auf einer Folie sowie die Buchstabendicke eines auf Folie kopierten Zeitungsbuchstabens!

            Haar: _____ mm   Stecknadel: _____ mm   Wollfaden: _____ mm

            Strichdicke eines Folienstiftes: _____ mm   Buchstabendicke: _____ mm

        (c) Mikroskopiere ein selbst angefertigtes oder vorhandenes Präparat!
            Fertige eine Skizze davon an!

54. Mit einem Fotoapparat werden von einem Gegenstand zwei Bilder angefertigt. Beim zweiten Bild ist nur die Gegenstandsweite kleiner.

   a) Skizziere in beiden Fällen den Strahlenverlauf! Das Bild ist jeweils scharf eingestellt.

   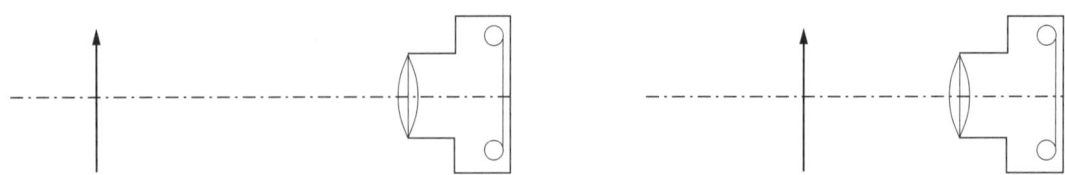

   b) Wie verändert sich die Größe des Bildes, wenn die Gegenstandsweite kleiner wird?

55. Mit einer Lupe kannst du sehr kleine Gegenstände vergrößert sehen.

   a) Betrachte einen Gegenstand, z. B. eine Blüte oder ein Blatt, mit einer Lupe! Beschreibe das Bild, das du beobachten kannst!

   b) Verändere die Entfernung zwischen Gegenstand und Lupe! Wie verändert sich dadurch das Bild, das du beobachten kannst?

56. Mit Fernrohren oder Ferngläsern will man weit entfernte Gegenstände vergrößert sehen. Ein solches Fernrohr kann man sich aus zwei Sammellinsen selbst bauen.

   a) Wähle als Objektiv eine Sammellinse mit einer Brennweite von 200–250 mm!

   b) Wo entsteht das scharfe Bild durch diese Linse von einem weit entfernten Gegenstand?

   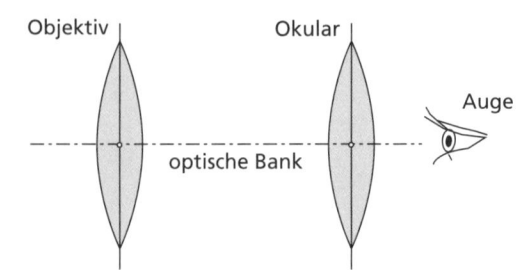

   c) Bringe das Okular ($f \approx +50$ mm) so an, dass du das Bild wie durch eine Lupe betrachten kannst! Betrachte das Bild durch das Okular! Beschreibe das Bild, das du siehst!

   d*) Nutze als Okular statt einer Sammellinse eine Zerstreuungslinse! Was für ein Bild kannst du jetzt beobachten?

Eigenschaften von Körpern und Stoffen

57. Ordne folgende Körper in die Tabelle ein:
Tisch, Mond, Sonne, Atmosphäre der Erde, Teich, Erdinneres, Pfütze auf der Straße, Radio, Inhalt eines Heißluftballons!

fester Körper	flüssiger Körper	gasförmiger Körper

58. Trage in die Tabelle je zwei feste Körper, zwei flüssige Körper und zwei gasförmige Körper ein! Nenne den Stoff, aus dem der jeweilige Körper besteht!

fest		flüssig		gasförmig	
Körper	Stoff	Körper	Stoff	Körper	Stoff

59. Ergänze die Bezeichnungen für die Aggregatzustände!

60. Erkunde, was man unter Verdunsten versteht! Nenne Beispiele, wo das Verdunsten eine Rolle spielt!

_____
_____
_____
_____
_____
_____

Eigenschaften von Körpern und Stoffen

61. Welche Änderung des Aggregatzustandes geht bei dem beschriebenen Vorgang vor sich?

    (1) Das Eis auf einem See taut. _____

    (2) Flüssiger Stahl wird in eine Form gegossen. _____

    (3) Butter wird in eine heiße Pfanne gegeben. _____

    (4) Wachs einer brennenden Kerze tropft auf den Tisch. _____

    (5) Der Spiegel im Bad beschlägt. _____

    (6) Das Teewasser kocht. _____

    (7) Am Himmel bilden sich Wolken. _____

    (8) In einer Pfanne wird Öl stark erhitzt. _____

62. In der Skizze ist der Wasserkreislauf in der Natur vereinfacht dargestellt.

    Beschreibe den Wasserkreislauf!
    Nenne dabei die Aggregatzustandsänderungen,
    die vor sich gehen!

    _____
    _____
    _____
    _____
    _____
    _____
    _____

63. Jeder Stoff hat bestimmte Eigenschaften (z. B. Aggregatzustand, Farbe, Härte, Wärmeleitfähigkeit, Geruch). Wähle einen beliebigen Stoff aus! Beschreibe ihn durch seine Eigenschaften so, dass deine Mitschüler erkennen können, um was für einen Stoff es sich handelt!

    ausgewählter Stoff: _____

    Beschreibung der Eigenschaften:

    _____
    _____
    _____
    _____
    _____
    _____

Masse, Volumen und Dichte

64. Auf den Verpackungen von Waren findest du verschiedene Angaben, darunter auch meist die Masse. Gib den Wert der Größe auch in einer anderen Einheit an!

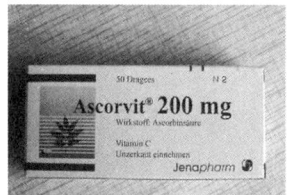   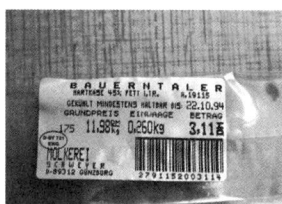

$m =$ _____   _____   _____   _____

$m =$ _____   _____   _____   _____

65. Ergänze die Angaben in der Tabelle!

$m = 25$ g	$m = 380$ kg	$m = 4,3$ t	$m = 3180$ mg	$m = 1,3$ kg
= kg	= t	= kg	= g	= g
= mg	= g	= g	= kg	= mg

66. Die Masse einer Kartoffel, einer vollen Limonadenflasche, deines Physikbuches, eines vollen Joghurtbechers und eines Apfels sollen bestimmt werden.
Schätze zunächst die Masse jedes Körpers! Bestimme die Masse dann mit einer Haushaltswaage!

Körper	geschätzte Masse	gemessene Masse

67. Die Masse einer 10-Cent-Münze soll möglichst genau bestimmt werden.

   a) Schätze die Masse einer 10-Cent-Münze!   geschätzter Wert: _____

   b) Beschreibe, wie man diese Masse bestimmen könnte!

   _____

   _____

   c) Bestimme die Masse einer 10-Cent-Münze! Vergleiche mit dem geschätzten Wert!

   _____

   _____

   d*) Wie genau könnte man mit einer Balkenwaage die Masse eines Körpers bestimmen, wenn man als Wägestücke 10-Cent-Münzen nutzen würde?

   _____

Masse, Volumen und Dichte

68. Bestimme das Volumen der Flüssigkeit in jedem Messzylinder!
Gib das Volumen in ml, cm³ und dm³ an!

a) 45 ml
V = 45 ml
V = 45 cm³
V = 0,045 dm³

b) 50 ml
V = 50 ml
V = 50 cm³
V = 0,05 dm³

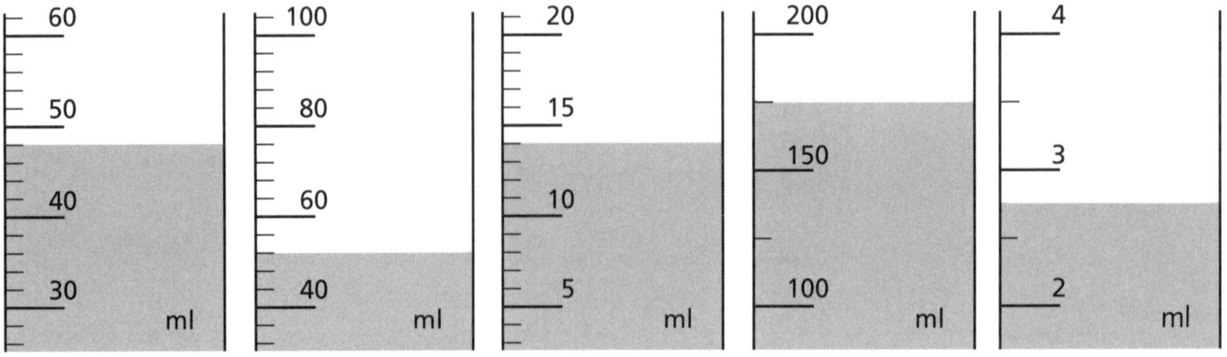

c) 13 ml
V = 13 ml
V = 13 cm³
V = 0,013 dm³

d) 170 ml
V = 170 ml
V = 170 cm³
V = 0,17 dm³

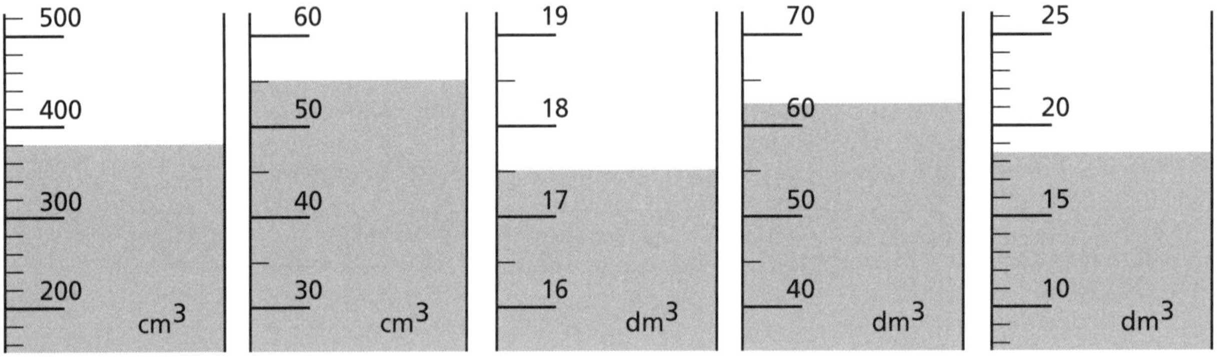

e) 2,7 ml
V = 2,7 ml
V = 2,7 cm³
V = 0,0027 dm³

f) 370 cm³
V =
V =
V =

g) 55 cm³
V =
V =
V =

h) 17 dm³
V =
V =
V =

i) 60 dm³
V =
V =
V =

j) 17 dm³
V =
V =
V =

69. Zeichne das angegebene Volumen in die abgebildeten Messzylinder farbig ein!

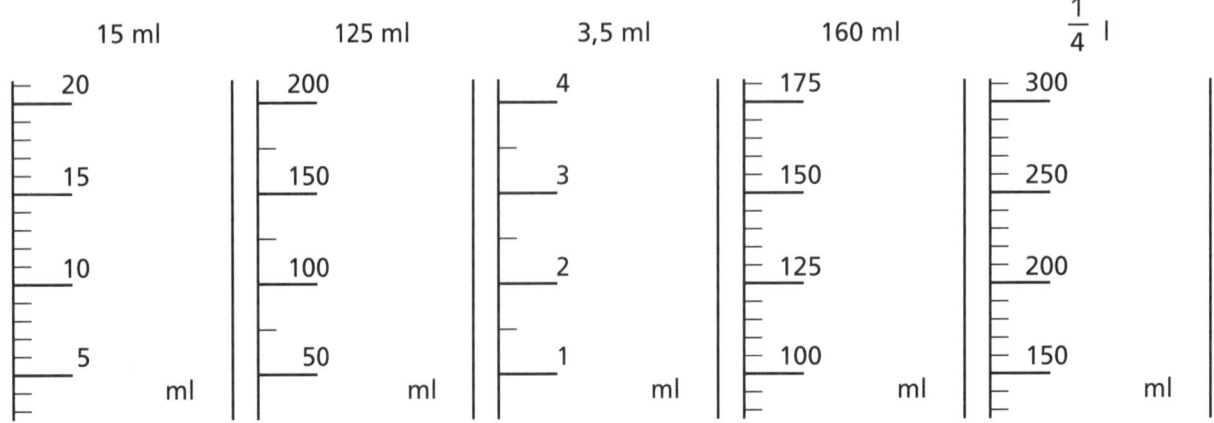

15 ml   125 ml   3,5 ml   160 ml   ¼ l

Masse, Volumen und Dichte 25

70. Bestimme experimentell das Volumen eines unregelmäßig geformten Körpers mit der Differenzmethode!

   Vorbereitung:

   a) Schätze das Volumen des Körpers! $V_{geschätzt}$ = _____

   b) Beschreibe dein Vorgehen zur Bestimmung des Volumens des Körpers! Fertige dazu eine Skizze an!

   _____
   _____
   _____
   _____
   _____

   Durchführung:

   Führe die entsprechenden Messungen durch!

   Gemessenes Volumen V_1 = _____

   V_2 = _____

   Auswertung:

   Berechne das Volumen des festen Körpers!

   $V_{Körper} = V_2 - V_1$

   $V_{Körper}$ = _____

   Ergebnis: _____

71. In den Bechergläsern befinden sich Wasser, Benzin und Spiritus jeweils gleicher Masse. Ordne die Stoffe den Bechergläsern zu! Begründe deine Zuordnung!

   a)   b)   c)

Masse, Volumen und Dichte

72. Die Würfel aus verschiedenen Stoffen haben das gleiche Volumen. Ordne die Würfel nach ihrer Masse! Schreibe in die Würfel die Ziffern 1 (geringste Masse) bis 5 (größte Masse)! Gib für jeden Stoff die Dichte an!

    Glas   Holz   Silber   Beton   Kupfer

    ρ_{Glas} = _____ ρ _____ ρ _____ ρ _____ ρ _____

73. Bestimme experimentell die Dichte des Stoffes von einem Körper, der dir gegeben wird! Ermittle, aus welchem Stoff der Körper bestehen könnte!

    Vorbereitung:

    a) Mit welcher Gleichung kann die Dichte berechnet werden? _____

    b) Welche Größen müssen experimentell bestimmt werden, um die Dichte eines Stoffes ermitteln zu können? Wie kann man diese Größen messen?

    Größe 1: _____   Messverfahren: _____

    Größe 2: _____   Messverfahren: _____

    Durchführung:

    Führe die entsprechenden Messungen durch!

    V = _____

    m = _____

    Auswertung:

    a) Berechne die Dichte des Stoffes, aus dem der Körper besteht!

    b) Aus welchem Stoff könnte der Körper bestehen?
    _____
    _____

    c) Wodurch könnte die Genauigkeit des Erebnisses beeinflusst worden sein?
    _____
    _____

Masse, Volumen und Dichte 27

74. Verschiedene Körper werden in ein Gefäß mit Wasser gebracht. Teilweise schwimmen sie, teilweise gehen sie unter und teilweise steigen sie nach oben, wenn man sie zunächst nach unten gedrückt hat.

   a) Gib für die drei skizzierten Fälle an, ob die Dichte des Körpers genauso groß, größer oder kleiner als die Dichte des Wassers ist!

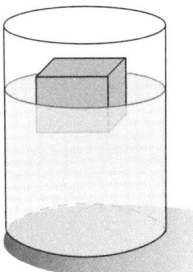 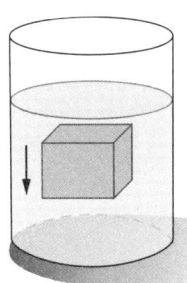 

_____   _____   _____

_____   _____   _____

   b) Ergänze die nachfolgende Übersicht durch Beispiele aus Natur, Technik und Alltag!

Ein Körper befindet sich im Wasser.	
Der Körper schwimmt im Wasser.	Der Körper sinkt im Wasser nach unten.

75. a) Baue dir aus einem Reagenzglas einen Dichtemesser und eiche ihn. Gehe dabei folgendermaßen vor:

   – Fülle kleine Nägel oder Stahlschrauben in das Reagenzglas!

   – Bringe dann das Reagenzglas in ein Gefäß mit Leitungswasser, sodass das Reagenzglas schwimmt!

   – Markiere mit wasserfestem Stift die Eintauchtiefe! Damit hast du einen Dichtemesser, der für Leitungswasser geeicht ist.

   b) Bestimme mit diesem Dichtemesser, ob die Dichte verschiedener Flüssigkeiten kleiner oder größer als die von Leitungswasser ist! Ergänze die folgende Tabelle!

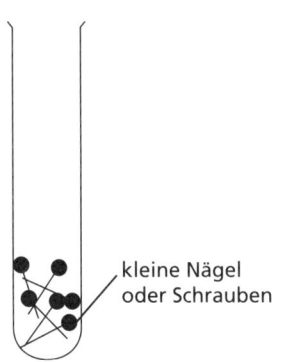

kleine Nägel oder Schrauben

Stoff	Salzwasser	Zuckerlösung	
Beobachtung			
Aussage zur Dichte			

76. Lege ein gekochtes, geschältes Ei in ein Glas mit Leitungswasser! Lege anschließend das Ei in ein Glas mit Salzwasser! Beobachte, vergleiche und erkläre!

_____

_____

_____

Bewegungsarten und gleichförmige Bewegungen

77. In den Skizzen sind Körper dargestellt, die sich in Bewegung befinden.

    a) Ordne die Bewegungen der Körper in die Tabelle ein!

    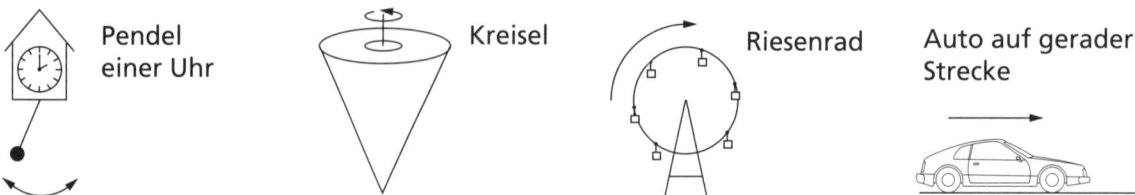

    b) Trage weitere Beispiele in die Tabelle ein!

geradlinige Bewegung	Kreisbewegung	Drehbewegung	Pendelbewegung

78. Im Diagramm sind Messwerte für die Bewegung eines Radfahrers dargestellt.

    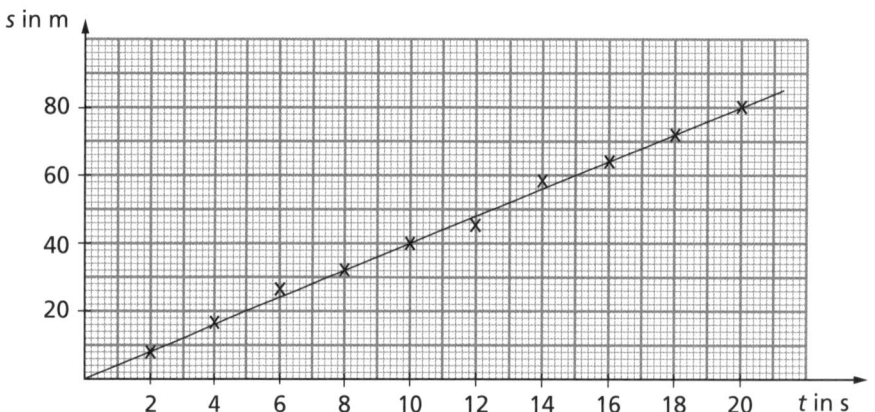

    a) Führt der Radfahrer eine gleichförmige Bewegung aus? Begründe!

    _____

    _____

    b) Ergänze mithilfe des Diagramms die fehlenden Werte!

    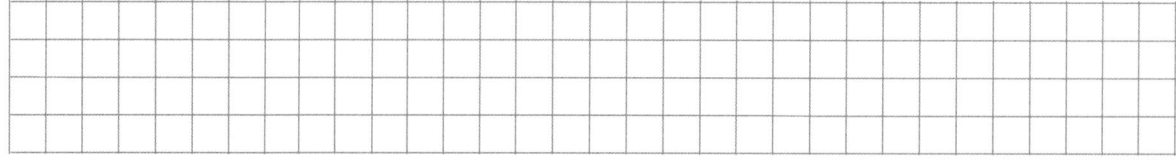

s	20 m	40 m	55 m			
t				4 s	9 s	14 s

    c) Wie groß ist die Geschwindigkeit des Radfahrers in m/s und km/h?

Bewegungsarten und gleichförmige Bewegungen

79. Überprüfe experimentell, ob die Bewegung, mit der eine Luftblase in einem Glasrohr aufsteigt, gleichförmig verläuft!

Vorbereitung:

Was versteht man unter einer gleichförmigen Bewegung?

_____

_____

Wie kann man überprüfen, ob die Bewegung eines Körpers gleichförmig verläuft?

_____

_____

_____

_____

Durchführung:

Fülle ein dünnes Glasrohr mit Wasser so, dass eine etwa 1 cm lange Luftblase bleibt! Verschließe das Glasrohr auf beiden Seiten!
Lege das Glasrohr auf einen kleinen Bücherstapel!

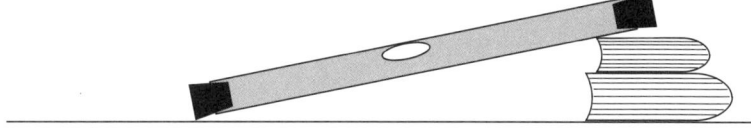

Bitte einen Mitschüler, dir alle zwei Sekunden ein Zeichen zu geben!
Drehe das Glasrohr auf ein Zeichen deines Mitschülers um 180°, sodass die Luftblase vom unteren Rohrende aufsteigt! Kennzeichne mit einem Faserstift auf dem Glasrohr, wo sich die Luftblase nach 2 s, 4 s, 6 s usw. befindet!
Miss die jeweiligen Wege und trage die zusammengehörigen Werte in eine Tabelle ein!

Auswertung:

Zeit t in s	Weg s in cm	

Überprüfe mithilfe eines Weg-Zeit-Diagramms, ob die Bewegung gleichförmig verläuft!

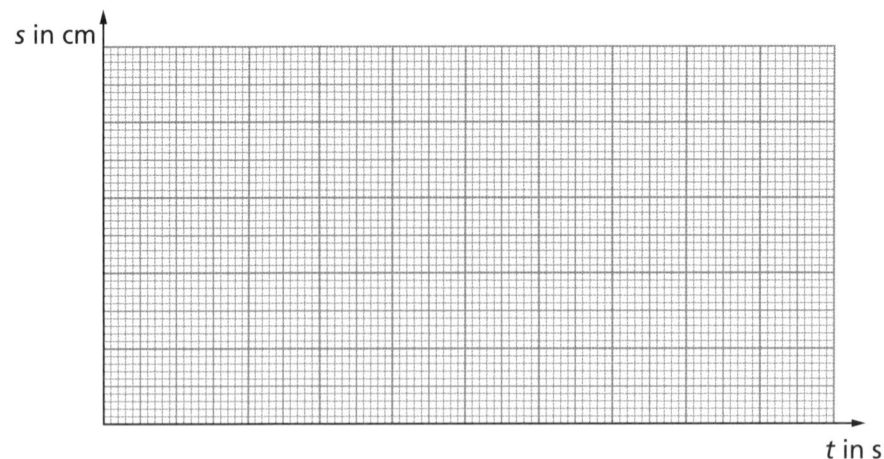

Überprüfe rechnerisch, ob die Bewegung gleichförmig verläuft! Ergänze dazu die letzte Spalte der Messwertetabelle auf Seite 29! Formuliere dein Ergebnis in Worten!

_____

_____

_____

_____

80. Ein Passagierflugzeug fliegt mit einer durchschnittlichen Reisegeschwindigkeit von 900 km/h.

a) Welchen Weg legt das Flugzeug in einer Minute zurück?

_____

_____

b) Ergänze die folgende Tabelle!

t in min	0	10	20	30	40	50	60
s in km	0						

c) Zeichne das Weg-Zeit-Diagramm für die Bewegung des Flugzeuges!

d) Zeichne in das Diagramm mit anderer Farbe den Graphen für einen Sportwagen ein, der mit 150 km/h auf der Autobahn fährt!

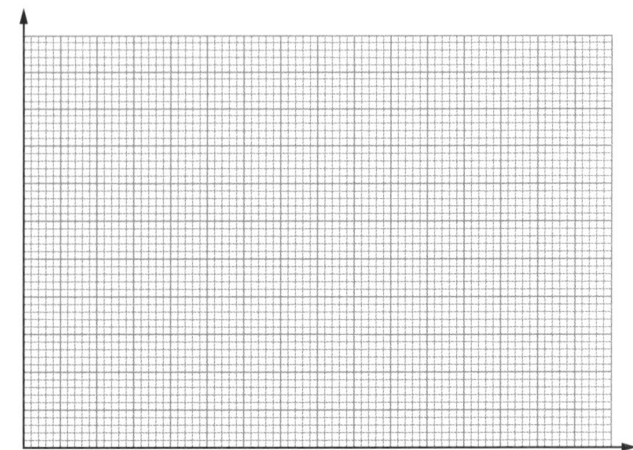

Bewegungsarten und gleichförmige Bewegungen

81. Für zwei Fahrzeuge wurden folgende Wege und Zeiten gemessen:

Fahrzeug 1:

s in m	17	33	50	67	83	100
t in s	1	2	3	4	5	6

Fahrzeug 2:

s in m	10	21	29	40	50	60
t in s	1	2	3	4	5	6

a) Zeichne für beide Fahrzeuge das *s-t*-Diagramm! Trage die Werte mit unterschiedlichen Farben ein!

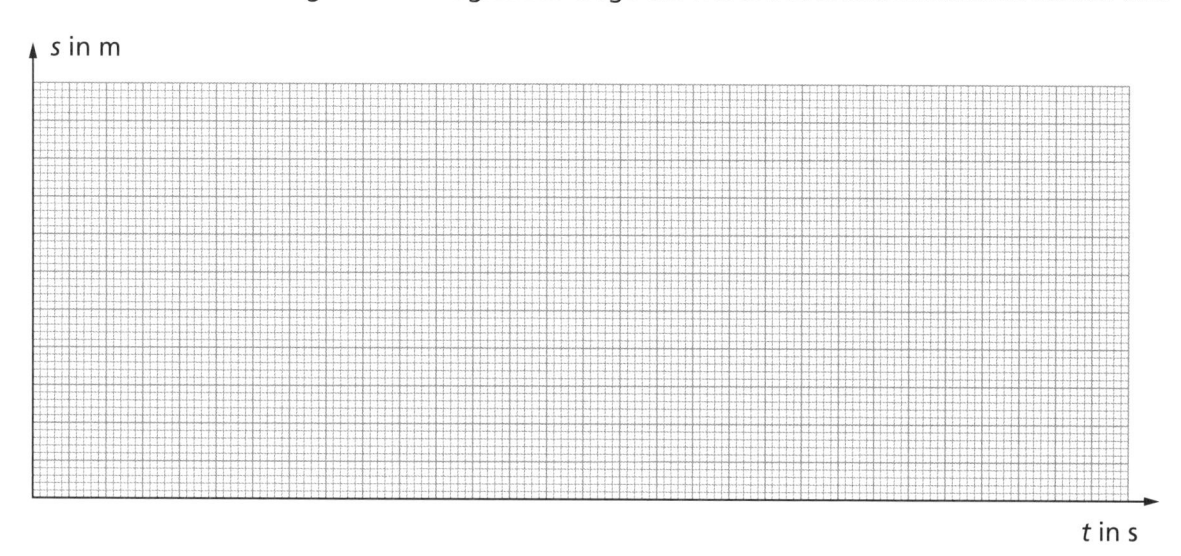

b) Ergänze mithilfe deines Diagramms die fehlenden Werte!

Fahrzeug 1:

s	30 m	90 m		
t			1,5 s	4,5 s

Fahrzeug 2:

s	25 m	45 m		
t			1,5 s	5,5 s

c) Schlussfolgere aus dem Diagramm, welches Fahrzeug die größere Geschwindigkeit hat!

Berechne die Geschwindigkeit jedes Fahrzeugs in m/s und km/h!

Fahrzeug 1   *Fahrzeug 2*

Teste dich selbst

Kreuze jeweils die Antworten an, die richtig sind! Das kann bei einer Aufgabe auch mehr als eine Antwort sein. Ob du richtig geantwortet hast, kannst du unten prüfen.

1. Bei welchem der nachfolgend beschriebenen Geräte handelt es sich um ein Messgerät für die Länge?
   a) Die Skala hat eine Millimeterteilung und eine Gesamtlänge von 30 cm.
   b) Auf dem Gerät steht als Einheit „ml".
   c) Das Messgerät ist ausziehbar, maximal 2 m lang und man kann auf 1 cm genau ablesen.

2. Welche Aussage zu Modellen ist richtig?
   a) Ein Modell ist stets einfacher als das reale Objekt.
   b) Mit einem Modell kann man auch experimentieren.
   c) Ein Modell muss immer ein Gegenstand sein.

3. Der Mond, den wir in klaren Nächten am Himmel sehen, ist
   a) eine Lichtquelle,
   b) ein Körper, der das auffallende Sonnenlicht reflektiert,
   c) ein Körper, der auch von der Erde kommendes Licht reflektiert.

4. Der Schatten eines hohen Baumes zeigt mittags
   a) nach Norden,   b) nach Westen,   c) nach Süden.

5. Licht geht von Luft in Wasser über. Welche der Skizzen ist richtig?

6. Den Übergang von Wasser vom flüssigen in den gasförmigen Aggregatzustand bei 100 °C nennt man
   a) Sieden,   b) Verdunsten,   c) Sublimieren.

7. Die Dichte eines Körpers ist umso größer,
   a) je größer bei bestimmtem Volumen die Masse des Körpers ist,
   b) je größer bei bestimmter Masse das Volumen des Körpers ist,
   c) je kleiner bei bestimmter Masse die Abmessungen des Körpers sind.

8. Für eine gleichförmige Bewegung gilt folgendes Weg-Zeit-Diagramm: